# Senhor Bom Jesus dos Aflitos

Elam de Almeida Pimentel

# Senhor Bom Jesus dos Aflitos

Invocado em situações difíceis

Novena

EDITORA VOZES

Petrópolis

© 2011, Editora Vozes Ltda.
Rua Frei Luís, 100
25689-900 Petrópolis, RJ
Internet: http://www.vozes.com.br

Todos os direitos reservados. Nenhuma parte desta obra poderá ser reproduzida ou transmitida por qualquer forma e/ou quaisquer meios (eletrônico ou mecânico, incluindo fotocópia e gravação) ou arquivada em qualquer sistema ou banco de dados sem permissão escrita da Editora.

**Diretor editorial**
Frei Antônio Moser

**Editores**
Aline dos Santos Carneiro
José Maria da Silva
Lídio Peretti
Marilac Loraine Oleniki

**Secretário executivo**
João Batista Kreuch

*Editoração*: Fernando Sergio Olivetti da Rocha
*Projeto gráfico*: AG.SR Desenv. Gráfico
*Capa*: Omar Santos

ISBN 978-85-326-4054-3

Editado conforme o novo acordo ortográfico.

Este livro foi composto e impresso pela
Editora Vozes Ltda.

# Sumário

1 Apresentação, 7
2 Novena ao Senhor Bom Jesus, 9
   1º dia, 9
   2º dia, 10
   3º dia, 13
   4º dia, 15
   5º dia, 17
   6º dia, 19
   7º dia, 21
   8º dia, 23
   9º dia, 24
3 Orações ao Senhor Bom Jesus, 27
4 Ladainha ao Senhor Bom Jesus, 30

# 1

## APRESENTAÇÃO

Esta é a novena na qual invocamos Aquele que veio ao mundo para despertar a fé, trazer esperança, dando-nos um exemplo de amor incondicional. Ele ficou conhecido como o Salvador, o Redentor do mundo. Suas palavras tocavam o coração das pessoas, convencendo-as a praticarem o bem, a acreditarem na força divina. Tinha poderes sobrenaturais, consolando os aflitos, curando doentes, prevendo o futuro, realizando milagres.

Exercendo uma grande influência sobre a população da época, Jesus foi perseguido, preso, martirizado, crucificado. Pregado à cruz, manteve-se confiante em Deus e perdoou seus algozes. Morreu para que o mundo pudesse se salvar, e sua trajetória na Terra e sua morte tornaram-se acontecimentos marcantes na história, dando origem ao cristianismo.

Coloquemo-nos diante de Jesus, demonstremos a Ele nossa gratidão por seu infinito amor. Peçamos perdão de nossos pecados e entreguemos nossos problemas a Jesus, pedindo a Ele a força e determinação necessárias, e com fé conseguiremos alcançar nossos pedidos.

Este livrinho contém a novena ao Senhor Bom Jesus, orações, ladainha e algumas passagens bíblicas, seguidas de uma oração ao Senhor Bom Jesus, acompanhada de um Pai-nosso e da recitação do Salmo 23.

# Novena ao Senhor Jesus

**1º dia**

Iniciemos com fé este primeiro dia de nossa novena, invocando a presença da Santíssima Trindade: em nome do Pai, do Filho e do Espírito Santo. Amém.

**Leitura do Evangelho:** Jo 20,31

...para que creiais que Jesus é o Cristo, o Filho de Deus, e para que, crendo, tenhais a vida em seu nome.

**Reflexão**

Tendo fé em Deus e vivenciando cada ensinamento de Jesus encontraremos esperança para enfrentar os problemas da vida na certeza de que Deus está sempre perto de nós.

**Oração**

Bom Jesus, Pai do Amor e da Vida, guiai meus pensamentos, ajudai-me a carregar minha cruz quando necessário. Peço-vos paciência neste difícil momento e ajude-me a... (falar sobre a situação difícil que está enfrentando e pedir a graça a ser alcançada).

Pai-nosso.

O Bom Pastor (Sl 23): Salmo de Davi. / O Senhor é meu pastor: nada me falta. // Em verdes pastagens me faz repousar, / conduz-me até às fontes tranquilas // e reanima minha vida; // guia-me pelas sendas da justiça / para a honra de seu Nome. // Ainda que eu ande por um vale de espessas trevas, / não temo mal algum, porque Tu estás comigo; / teu bastão e teu cajado me confortam. // Diante de mim preparas a mesa, / bem à vista dos meus inimigos; / Tu me unges com óleo a cabeça, / minha taça transborda. // Bondade e amor certamente me acompanharão / todos os dias de minha vida, / e habitarei na casa do Senhor por longos dias.

## 2º dia

Iniciemos com fé este segundo dia de nossa novena, invocando a presença da Santíssima Trindade: em nome do Pai, do Filho e do Espírito Santo. Amém.

**Leitura do Evangelho:** Jo 10,1-10

"Na verdade eu vos digo: quem não entra pela porta do curral das ovelhas, mas sobe por outro lugar, é ladrão e assaltante. Quem entra pela porta é o pastor das ovelhas. Para este o porteiro abre a porta, e as ovelhas ouvem a sua voz. Ele chama as ovelhas que lhe pertencem pelo nome e as leva para fora. Depois de fazer sair todas, vai na frente, e elas o seguem porque conhecem a sua voz. Não seguem o estranho, mas fogem dele, pois não conhecem a voz do estranho." Jesus falou de modo figurado, e eles não entenderam o que queria dizer. Por isso Jesus continuou: "Na verdade eu vos digo: eu sou a porta das ovelhas. Todos os que vieram antes de mim eram ladrões e assaltantes, mas as ovelhas não os ouviram. Eu sou a porta. Quem entrar por mim será salvo. Entrará e sairá e encontrará pastagem. O ladrão vem só para roubar, matar e destruir. Eu vim para que tenham vida e a tenham em abundância".

### Reflexão

Jesus é a porta em que devemos entrar, é o caminho a ser percorrido. Ele é a nossa salvação sempre. Às vezes, estamos tão desesperados que não enxergamos a solução para os nossos problemas diários. Esquecemo-nos de que Ele sempre nos acolhe e nos ajuda a superar as adversidades. Vamos crer em Deus que tudo pode; um Deus do impossível que nos ama profundamente. Ele é o nosso guia, o nosso pastor.

### Oração

Bom Jesus, nosso guia e salvador. Eu reconheço que és Deus, Onipotente e Todo-poderoso para agir e realizar o impossível. Com fé e total confiança a Vós suplico a graça de que tanto necessito... (falar a graça que se deseja alcançar).

Pai-nosso.

O Bom Pastor (Sl 23): Salmo de Davi. / O Senhor é meu pastor: nada me falta. // Em verdes pastagens me faz repousar, / conduz-me até às fontes tranquilas // e reanima minha vida; // guia-me pelas sendas da justiça / para a honra de seu Nome. // Ainda que eu ande por um vale de espessas trevas, / não temo mal algum, porque Tu estás comigo; / teu bastão e teu cajado me confortam. // Diante de mim preparas a mesa, / bem à vista dos meus inimigos; / Tu me unges com óleo a cabeça, / minha taça transborda. // Bondade e amor certamente me acompanharão / todos os dias de minha vida, / e habitarei na casa do Senhor por longos dias.

## 3º dia

Iniciemos com fé este terceiro dia de nossa novena, invocando a presença da Santíssima Trindade: em nome do Pai, do Filho e do Espírito Santo. Amém.

**Leitura bíblica: Ez 34,31**
...E quanto a vós, minhas ovelhas, ovelhas de minha pastagem, vós sois seres humanos, e eu sou o vosso Deus – oráculo do Senhor Deus.

### Reflexão

Na Bíblia, há várias passagens que comparam os seres humanos a ovelhas e Deus a um pastor. Lembremos que as ovelhas necessitam de ser pastoreadas para não morrerem de fome e de sede, para não se machucarem, para não se perderem... A Bíblia diz que somos ovelhas e, assim, quando nos entregamos a Jesus, o Bom Pastor, passamos a experimentar um cuidado todo especial de Jesus para conosco.

### Oração

Bom Jesus, nosso Bom Pastor, obrigado(a) pelo dom da vida e por sua presença em todos os nossos dias. Jesus, meu Bom Pastor, tendes compaixão de mim e socorrei-me nesta hora tão difícil... (falar os problemas que está enfrentando e solicitar a graça a ser alcançada).

Pai-nosso.

O Bom Pastor (Sl 23): Salmo de Davi. / O Senhor é meu pastor: nada me falta. // Em verdes pastagens me faz repousar, / conduz-me até às fontes tranquilas // e reanima minha vida; // guia-me pelas sendas da justiça / para a honra de seu Nome. // Ainda que eu ande por um vale de espessas trevas, / não temo mal algum, porque Tu estás comigo; / teu bastão e teu cajado me confortam. // Diante de mim preparas a mesa, / bem à vista dos meus inimigos; / Tu me unges com óleo a cabeça, / minha taça transborda. // Bondade e amor certamente me acompanharão / todos os dias de minha vida, / e habitarei na casa do Senhor por longos dias.

## 4º dia

Iniciemos com fé este quarto dia de nossa novena, invocando a presença da Santíssima Trindade: em nome do Pai, do Filho e do Espírito Santo. Amém.

### Leitura do Evangelho: Jo 10,11-15

Eu sou o bom pastor. O bom pastor dá a vida por suas ovelhas. O mercenário, que não é pastor, de quem não são as ovelhas, quando vê o lobo chegar, abandona as ovelhas e foge. Então o lobo ataca e dispersa as ovelhas. Assim age porque é mercenário e não se importa com as ovelhas. Eu sou o bom pastor. Conheço as minhas ovelhas e elas me conhecem, assim como o Pai me conhece e eu conheço o Pai. Eu dou minha vida pelas ovelhas.

### Reflexão

Nas passagens bíblicas há relatos que nos permitem deduzir que um bom pastor era aquele que reconhecia pessoalmente cada ovelha e era por ela reconhecido. E Jesus se declara o Bom Pastor, aquele que não deixa as ovelhas em perigo, que sempre se importa com o bem-estar das ovelhas. Ele declara que conhece todas as ovelhas e que por elas dá sua vida. Ele declarou ser o nosso Bom Pastor.

### Oração

Meu Bom Jesus, meu Bom Pastor, eu quero sempre ouvir vossa voz. Livrai-me dos mercenários e dirigi minha vida. Peço-vos com fervor a graça de que tanto necessito... (falar a graça que deseja alcançar).

Pai-nosso.

O Bom Pastor (Sl 23): Salmo de Davi. / O Senhor é meu pastor: nada me falta. // Em verdes pastagens me faz repousar, / conduz-me até às fontes tranquilas // e reanima minha vida; // guia-me pelas sendas da justiça / para a honra de seu Nome. // Ainda que eu ande por um vale de espessas trevas, / não temo mal algum, porque Tu estás comigo; / teu bastão e teu cajado me confortam. // Diante de mim preparas a mesa, / bem à vista dos meus inimigos; / Tu me unges com óleo a cabeça, / minha taça transborda. // Bondade e amor certamente me acompanharão / todos os dias de minha vida, / e habitarei na casa do Senhor por longos dias.

## 5º dia

Iniciemos com fé este quinto dia de nossa novena, invocando a presença da Santíssima Trindade: em nome do Pai, do Filho e do Espírito Santo. Amém.

### Leitura do Evangelho: Jo 10,16

...Possuo ainda outras ovelhas que não são deste curral. É preciso que eu as conduza; elas ouvirão minha voz, e haverá um só rebanho e um só pastor.

### Reflexão

Jesus Cristo é amor, é perdão, é o Bom Pastor que sempre nos acolhe. Jesus não separou as pessoas boas das más ao fazer milagres ou pedir perdão a Deus por elas. Ele amou cada uma e deu a vida por todos nós. Ele sempre nos dá a chance de recomeçar, de segui-lo.

### Oração

Senhor Bom Jesus, meu guia e pastor. Venho até Vós pedindo que fortaleças cada vez mais minha fé em vós. Ajudai-me a ver o lado bom de tudo que me acontece. Atendei ao pedido especial de que tanto necessito... (pedir a graça a ser alcançada).

Pai-nosso.

O Bom Pastor (Sl 23): Salmo de Davi. / O Senhor é meu pastor: nada me falta. // Em verdes pastagens me faz repousar, / conduz-me até às fontes tranquilas // e reanima minha vida; // guia-me pelas sendas da justiça / para a honra de seu Nome. // Ainda que eu ande por um vale de espessas trevas, / não temo mal algum, porque Tu estás comigo; / teu bastão e teu cajado me confortam. // Diante de mim preparas a mesa, / bem à vista dos meus inimigos; / Tu me unges com óleo a cabeça, / minha taça transborda. // Bondade e amor certamente me acompanharão / todos os dias de minha vida, / e habitarei na casa do Senhor por longos dias.

## 6º dia

Iniciemos com fé este sexto dia de nossa novena, invocando a presença da Santíssima Trindade: em nome do Pai, do Filho e do Espírito Santo. Amém.

### Leitura do Evangelho: Jo 10,26-30

...Mas vós não acreditais porque não sois minhas ovelhas. Minhas ovelhas ouvem a minha voz; eu as conheço e elas me seguem. Eu lhes dou a vida eterna e elas nunca morrerão, e ninguém as arrancará de minha mão. Meu Pai que me deu as ovelhas é maior do que todos, e ninguém poderá retirá-las da mão do meu Pai. Eu e o Pai somos um.

### Reflexão

"Eu e o Pai somos um." Jesus vem de Deus e, através dele, estamos com Deus, nos reconciliamos com Ele. O importante na vida não é somente encontrar Cristo, mas permanecer nele, lembrando-nos das palavras dos evangelhos, nas quais Jesus nos ensina a permanecer em Deus.

### Oração

Senhor Bom Jesus, fortificai nossa fé em Vós. Atendei-me na graça de que tanto necessito... (pedir a graça a ser alcançada).

Pai-nosso.

O Bom Pastor (Sl 23): Salmo de Davi. / O Senhor é meu pastor: nada me falta. // Em verdes pastagens me faz repousar, / conduz-me até às fontes tranquilas // e reanima minha vida; // guia-me pelas sendas da justiça / para a honra de seu Nome. // Ainda que eu ande por um vale de espessas trevas, / não temo mal algum, porque Tu estás comigo; / teu bastão e teu cajado me confortam. // Diante de mim preparas a mesa, / bem à vista dos meus inimigos; / Tu me unges com óleo a cabeça, / minha taça transborda. // Bondade e amor certamente me acompanharão / todos os dias de minha vida, / e habitarei na casa do Senhor por longos dias.

## 7º dia

Iniciemos com fé este sétimo dia de nossa novena, invocando a presença da Santíssima Trindade: em nome do Pai, do Filho e do Espírito Santo. Amém.

### Leitura do Evangelho: Jo 15,4

Permanecei em mim e eu permanecerei em vós. O ramo não pode dar fruto por si mesmo se não permanecer na videira. Assim também vós, se não permanecerdes em mim.

### Reflexão

Jesus nos convida a sermos seus seguidores, a permanecer nele e Ele permanecerá em nós, com amor e carinho, sendo nosso Pastor, aquele que nunca abandona seu rebanho, aquele que é o escudo que protege o seu povo.

**Oração**

Senhor Bom Jesus, concedei-nos ouvidos para ouvir e disposição para obedecer. Ajudai-me a sentir a vossa presença neste difícil momento. Peço a vossa interseção para o alcance da graça... (fazer o pedido da graça a ser alcançada).

Pai-nosso.

O Bom Pastor (Sl 23): Salmo de Davi. / O Senhor é meu pastor: nada me falta. // Em verdes pastagens me faz repousar, / conduz-me até às fontes tranquilas // e reanima minha vida; // guia-me pelas sendas da justiça / para a honra de seu Nome. // Ainda que eu ande por um vale de espessas trevas, / não temo mal algum, porque Tu estás comigo; / teu bastão e teu cajado me confortam. // Diante de mim preparas a mesa, / bem à vista dos meus inimigos; / Tu me unges com óleo a cabeça, / minha taça transborda. // Bondade e amor certamente me acompanharão / todos os dias de minha vida, / e habitarei na casa do Senhor por longos dias.

## 8º dia

Iniciemos com fé este oitavo dia de nossa novena, invocando a presença da Santíssima Trindade: em nome do Pai, do Filho e do Espírito Santo. Amém.

### Leitura bíblica: 1Ts 5,18

Em todas as circunstâncias dai graças, porque esta é a vontade de Deus para conosco em Cristo Jesus.

### Reflexão

A tentação de reclamar da vida faz parte da natureza humana. Mas, ao pensarmos nas muitas bênçãos que Deus nos deu por meio de Jesus, ficamos gratos a Ele. Poder sentir a presença de Jesus em todos os momentos é motivo de gratidão a Deus por seu grande amor por nós.

### Oração

Senhor Bom Jesus, ajudai-me a ver a vossa bondade e a mostrar aos outros vossa bondade e amor. Peço vossa ajuda no alcance da graça... (fala-se a graça) de que tanto necessito.

Pai-nosso.

O Bom Pastor (Sl 23): Salmo de Davi. / O Senhor é meu pastor: nada me falta. // Em verdes pastagens me faz repousar, / conduz-me até às fontes tranquilas // e reanima minha vida; // guia-me pelas sendas da justiça / para a honra de seu Nome. // Ainda que eu ande por um vale de espessas trevas, / não temo mal algum, porque Tu estás comigo; / teu bastão e teu cajado me confortam. // Diante de mim preparas a mesa, / bem à vista dos meus inimigos; / Tu me unges com óleo a cabeça, / minha taça transborda. // Bondade e amor certamente me acompanharão / todos os dias de minha vida, / e habitarei na casa do Senhor por longos dias.

## 9º dia

Iniciemos com fé este nono dia de nossa novena, invocando a presença da Santíssima Trindade: em nome do Pai, do Filho e do Espírito Santo. Amém.

### Leitura bíblica: Sl 95,7

Porque Ele é nosso Deus, / nós somos o povo do seu pastoreio, / as ovelhas conduzidas por sua mão.

### Reflexão

As ovelhas precisam de um pastor para guiá-las, para não se perderem. Nós também precisamos de um pastor que nos conduza para não cairmos em tentação. Precisamos de Jesus, nosso Bom Pastor, para nos conduzir sempre.

### Oração

Senhor Bom Jesus, graças vos dou por ser nosso pastor, guiando-nos pela vida com amor. Ajudai-nos a lembrar sempre que Vós sois o Bom Pastor, sempre cuidado de vossas ovelhas. E, neste momento difícil de minha vida, a Vós suplico... (dizer o problema que está enfrentando e pedir a graça a ser alcançada).

Pai-nosso.

O Bom Pastor (Sl 23): Salmo de Davi. / O Senhor é meu pastor: nada me falta. // Em verdes pastagens me faz repousar, / conduz-me até às fontes tranquilas // e reanima minha vida; // guia-me pelas sendas da justiça / para a honra de seu Nome. // Ainda que eu ande por um vale de espessas trevas, / não temo mal algum, porque Tu estás comigo; / teu bastão e teu cajado me confortam. // Diante de mim preparas a mesa, / bem à vista dos meus inimigos; / Tu me unges com óleo a cabeça, / minha taça transborda. // Bondade e amor certamente me acompanharão / todos os dias de minha vida, / e habitarei na casa do Senhor por longos dias.

# ORAÇÕES AO SENHOR BOM JESUS

**Oração 1**

Ó, meu bom Jesus, Senhor dos Aflitos, vós dissestes: "Vinde a mim todos os aflitos, que vos aliviarei". Aqui estou para conversar convosco... Infundi em meu coração profundo amor, para que, amando, servindo e ajudando a Vós na pessoa do meu semelhante, possa viver o vosso evangelho, praticando o bem e sendo útil e, assim, participar da vida no céu. Senhor Bom Jesus dos Aflitos, Vós sois minha única esperança. Resolvei os meus problemas... (falar os problemas que está enfrentando). Isso vos peço em união com o Pai e o Espírito Santo. Amém.

**Oração 2**

Senhor, meu Bom Jesus, meu Bom Pastor, que aflito vos fatigastes à procura da ovelha extraviada e que, ao encontrá-la, apertastes contra o peito e a carregastes sobre os ombros e, depois, cuidastes das suas feridas, eis-me aqui, na vossa presença. Eu sou a ovelha ferida. Meu Bom Pastor! Sei que Vós podeis ajudar-me nesta hora tão difícil... (falar do problema que está enfrentando e pedir a graça a ser alcançada).

## Oração 3 – Conversa com Jesus

(Recitá-la todos os dias da novena.)

Ó meu Jesus, em Vós depositei toda a minha confiança. Vós sabeis de tudo, meu pai, és o Senhor do Universo, sois o Rei dos Reis, Vós que fizeste o paralítico andar, o morto voltar a viver, o leproso sarar, fazei com que... (pedir a graça).

Vós que vistes minhas angústias e lágrimas, bem sabeis de tudo, Divino Amigo, como preciso alcançar... (pedir a graça).

Convosco, Mestre, tenho ânimo e alegria para viver. Só de Vós espero com fé e confiança... (pedir a graça com fé).

Fazei, Divino Jesus, com que, antes de terminar esta conversa que terei Convosco durante nove dias, alcance esta graça que peço com fé... (pedir a graça).

Como gratidão, divulgarei esta oração para que outras pessoas que precisam de Vós aprendam a ter fé e confiança na vossa misericórdia. Iluminai meus passos, assim como o sol ilumina todos os dias o amanhecer. Tenho confiança em vós. Cada vez mais, aumenta a minha fé. Amém.

# 4

## LADAINHA AO SENHOR BOM JESUS

Senhor, tende piedade de nós.
Jesus Cristo, tende piedade de nós.
Senhor, tende piedade de nós.

Jesus Cristo, ouvi-nos.
Jesus Cristo, atendei-nos.

Pai celeste, que sois Deus, tende piedade de nós.
Deus Filho, Redentor do mundo, tende piedade de nós.
Deus Espírito Santo, que sois Deus, tende piedade de nós.
Santíssima Trindade, que sois um só Deus, tende piedade de nós.

Senhor Bom Jesus, rogai por nós.
Senhor Bom Jesus, Senhor nosso, tende piedade de nós.
Senhor Bom Jesus, Senhor dos Aflitos, tende piedade de nós.

Senhor Bom Jesus, nosso Bom Pastor, tende piedade de nós.
Senhor Bom Jesus, guia e protetor, tende piedade de nós.
Senhor Bom Jesus, fortaleza nossa, tende piedade de nós.
Senhor Bom Jesus, Senhor da bondade e amor, tende piedade de nós.
Senhor Bom Jesus, Filho do Pai, tende piedade de nós.
Senhor Bom Jesus, digno de todo o louvor, tende piedade de nós.
Senhor Bom Jesus, fonte de vida e santidade, tende piedade de nós.
Senhor Bom Jesus, fonte de toda a consolação, tende piedade de nós.
Senhor Bom Jesus, Deus infinito e eterno, tende piedade de nós.
Senhor Bom Jesus, Deus misericordioso, tende piedade de nós.
Senhor Bom Jesus, Pai perfeito, tende piedade de nós.
Senhor Bom Jesus, fonte de todo bem, tende piedade de nós.
Senhor Bom Jesus, Pai celestial, tende piedade de nós.
Senhor Bom Jesus, Deus eterno, tende piedade de nós.

Senhor Bom Jesus, Deus do universo e de vida, tende piedade de nós.
Senhor Bom Jesus, Deus criador, tende piedade de nós.
Senhor Bom Jesus, Deus fiel, tende piedade de nós.
Senhor Bom Jesus, fortalecedor de nossa fé, tende piedade de nós.
Senhor Bom Jesus, Deus compassivo, tende piedade de nós.
Senhor Bom Jesus, Deus consolador, tende piedade de nós.
Senhor Bom Jesus, mestre da paz, tende piedade de nós.
Senhor Bom Jesus, Deus poderoso, tende piedade de nós.

Cordeiro de Deus, que tirais os pecados do mundo, perdoai-nos, Senhor.
Cordeiro de Deus, que tirais os pecados do mundo, ouvi-nos, Senhor.
Cordeiro de Deus, que tirais os pecados do mundo, tende piedade de nós, Senhor.

Jesus Cristo, ouvi-nos.
Jesus Cristo, atendei-nos.

Jesus, manso e humilde de coração,
Fazei nosso coração semelhante ao vosso.